QUESTION ÉLECTORALE

LA RÉPUBLIQUE

Exploitée et Trahie

AU PEUPLE SOUVERAIN

(Manifeste)

PAR

R. THÉFEMS

PARIS

IMPRIMERIE J. RIGAL ET Cⁱᵉ, PASSAGE DU CAIRE, 56

1881

PRÉFACE

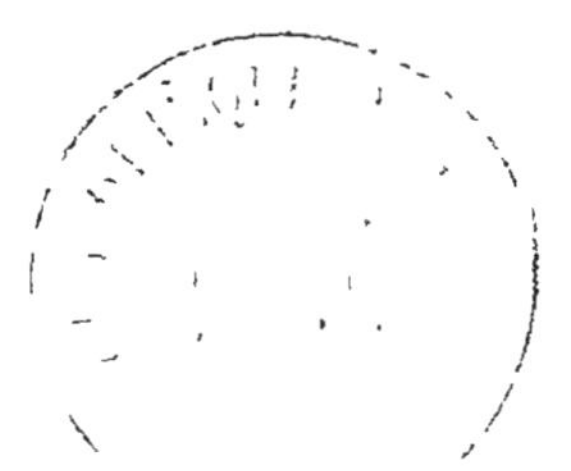

Il y a quatre ans, à pareille époque, une noire tempête réactionnaire, agrémentée d'un déluge d'infamies et de violences inqualifiables, agitait profondément le pays livré à l'arbitraire d'une camarille de pervers, soutenus par un sans peur, peut-être, répondant de l'ordre qu'il présidait, mais non pas sans reproche. En soldat brutal qu'il était, le magistrat improvisé avait carrément posé au peuple souverain la question en ces termes : Tes députés ne me vont pas et je te les renvoie. Tâche de m'en expédier de plus convenables, différemment... suivent les considérants et finalement la menace. En deux mots : l'abdication ou la mort.

Constitutionnellement, grâce au bienveillant Sénat, il était dans son droit. Le droit de bouleverser tous les intérêts, ruiner toutes les entreprises, suspendre le travail national, semer partout la misère et la désolation, d'où je conclus que la Constitution, œuvre scélérate d'audacieux insurgés est, sinon un crime ayant pour complice l'étrange institution qui l'autorise, au moins une arme fort dangereuse déjà jugée et condamnée par l'opinion.

La camarille et le soldat, aux prises avec la nation, furent écrasés sous l'avalanche des bulletins de vote, au 14 octobre 1877. Légalement on ne pouvait alors, pour le cas, entreprendre davantage. Aujourd'hui la légalité à terme nous est échue, et la seconde partie du sombre attentat se déroulant sans relâche du 16 mai au 14 décembre, des insolences de la veille aux navrantes surprises du lendemain, va être jugée aux prochaines assises nationales. Donc, à terre la Constitution et à l'eau le Sénat, dont personne ne conteste sérieusement l'inutilité, ainsi l'exigent les principes au nom de la justice, du bons sens et de l'instinct commun,

Après ça, qu'on dise de nous à l'étranger ou à l'intérieur, que nous sommes un peuple frivole, partagé entre «le luxe anglais et la corruption italienne,» peu nous importe, ou du moins il nous intéresse fort d'avoir, au point de vue de certain farceur, ne serait-ce que ces points de contact avec nos frères d'Angleterre et d'Italie. L'histoire impartiale jugera en dernier ressort si les descendants de 89 ont bien mérité de leurs pères et de l'humanité, en s'imposant d'être sans faiblesse et surtout conséquents pour le maintient et la défense de leurs droits.

R. THÉFEMS.

Paris, le   1881.

MANIFESTE

DE

Marie-Anna RÉPUBLIQUE

AU

PEUPLE FRANÇAIS

—▸≫≫✺≪≪◂—

Cher peuple,

S'il y a quelque mérite à se renfermer dans la majesté
du silence et à s'effacer au besoin, pour laisser la parole
aux évènements et toute la place aux productions du génie,
aux œuvres utiles qu'il a inspirées ; il serait de même peu
sage, quand les évènements ne disent rien qui vaille et que
la place est encombrée de médiocrités vulgaires, de pro-
longer ce mutisme et garder sa retraite, surtout quand la
prudence épuisée et combattant quand même l'indignation
dans son droit, a atteint une certaine limite qu'on ne saurait
dépasser sans encourir le reproche de coupable lâcheté ou
de trahison.

C'est pourquoi je m'autorise du privilège qui est le principe même de mon existence, pour t'exprimer, avant tout,
mes sentiments de haute estime, en présence des conquêtes
pacifiques de la raison éclairée par l'expérience, et de l'ac-
croissement déjà si considérable de mon domaine, qu'à
l'exception de quelques ruines éparses dans des centres
fangeux que le flot démocratique lave et envahit sans cesse
dans son flux et reflux, nous sommes, on peut le dire sans

vauité, en corps et âme moralement constituée, toute la nation. Nous sommes la volonté suprême, ayant le droit pour base et le nombre pour loi; appliquons la loi, rigoureusement toute la loi dans sa lettre, et nous serons aussi la puissance invincible.

Tel est le but à atteindre. Et là-dessus, je prends affectueusement ta main dans la mienne pour te le faire toucher du doigt, comme on dit chez nous, t'en saisir et t'y fortifier.

Ainsi, tu vois autour de nous, aux alentours et plus loin encore s'étendant à l'infini jusqu'au delà des mers, ce vaste empire luxueusement meublé, plein d'animation, éclairé dans toutes ses parties, acquis au prix de ta valeur et de ton sang généreux ; l'espace qui le couvre, d'où je préside au mouvement universel est tout à moi; la terre, élément précieux, fécondée par le travail libre et sagement organisé, est ton fonds inépuisable en richesses de toutes sortes.

Terre et Liberté ! touchante devise émanée de la morale en action et adoptée par nous, porte-drapeau de la paix dans l'égalité ; formidable cri de guerre et de ralliement, poussé par les géants du Nord de l'autre côté du Rhin, à Moscou et sur les bords de la Neva.

Contraste frappant ! bien naturel d'ailleurs : un prétentieux, criminel et sanguinolent soleil du moyen-âge, s'il est permis d'appeler de ce nom une Lune rousse entamée, visant imprudemment vers le Bosphore le vieux croissant, autre Lune aux abois qui diminue toujours ; éclaire sinistrement sans la réchauffer, cette terre sauvage peuplée de héros dignes d'un meilleur sort. La tempête est dans l'air, on s'irrite en haut lieu ; le tonnerre gronde, éclate, le sang coule-là-bas pour obtenir ces biens dont tu jouis, grâce aux persévérants efforts et à l'indomptable énergie de ces anciens, tes aînés que l'humanité vénère, et dont tu auras à célébrer la mémoire le 22 septembre, glorieux anniversaire du couronnement de la Révolution triomphante. Eux aussi firent couler, bien à regret sans doute, le sang des rois et des traîtres pour s'affermir dans leur victoire menacée.

Mais que les temps sont changés, et avec eux la manière de combattre, les mœurs et autres choses encore ! sauf toutefois la musique, éternellement applaudie dans cette Marseillaise aux sublimes accents, toujours de mode, que l'on chante partout, qui remplit de joie et d'entrain nos fêtes nationales et fait assister quand même aux places réservées les immortels principes, dans toutes les inaugurations et manifestations du progrès humain. Ils sont ici avec nous, compagnons attristés des misères qu'on nous a faites et de nos communes espérances ; acclamés et proclamés il y a beau temps ; mais attendant toujours leur emploi dans ce qui est à créer : une démocratie irréprochable où tu puisses te contempler de haut en bas et me reconnaître, dignement représentée par une administration laborieuse, intelligente et honnête, décrétant dès l'abord l'organisation du travail, qui procure le bien-être en même temps que la considération à des degrés divers, suivant les facultés et mérite des individus.

Espérer c'est vivre, sans doute ; mais qu'est-ce que la vie sans la satisfaction ? Qu'est-ce que l'espérance qui entretient dans leur ardeur des désirs qui ne se réalisent pas, si non un leurre ! un jeu du sort à fixer et à soumettre aux lois invariables de la logique, fille naturelle du bon sens ! à quand donc leur application à la chose publique ? Je te le demande, ne t'en déplaise, sous peine de les voir : ces purs incomparables ! dégénérer en lettre morte.

Oh ! je sais que tu vas me répondre par un mais ! ! ! accentué, admirable ! Je sais surtout qu'au 14 octobre, au mépris des menaces, brutalités et machinations inquiétantes ; furieusement attaqués par toutes les factions alliées dans le parti noir, tu as triomphé de l'ignoble coalition et imposé tes volontés au pouvoir personnel d'un soldat heureux, bien qu'humilié. Il suffit, je t'entends ! et cédant au mouvement de cette éloquence communicative, majestueuse sans éclat, je m'incline sans autres façons de fin langage. Et d'ailleurs, à quoi bon ? entre nous, le devoir accompli réciproquement, dispense et tient largement lieu de félicitations usées ou de vivats souvent immérités Aussi bien serait-il consolant pour moi, et combien l'immortelle en serait vivement touchée ! quand une de ses grandes lumières vient à s'éteindre, de te voir lui envoyer un salut fraternel dans un sympathique : au revoir, sans adieu !

Raspail est mort, vive la *Révolution* ! Hé bien ! je te le déclare, je me réjouis d'autant plus de cette fière attitude qui atteste visiblement de tes excellentes dispositions à en finir une bonne fois avec le scandale, que j'ai assisté naguère, non sans émotion, à un ébranlement considérable de l'opinion publique inclinant à accorder quelque crédit aux théories erronnées du chef autorisé de ce groupe, ramolli dans son centre, particulièrement désigné entre ses colégiférants au règlement définitif de ses arriérés, laissés pour compte et autres petits articles à son passif dans une prochaine liquidation générale. L , est l'obstacle à vaincre Le seul qui s'oppose sérieusement au libre développement de notre institution ; qui provoque à l'indignation et au mépris en autorisant sciemment les agents du pouvoir aux manœuvres déloyales, à l'arbitraire odieux de fouler aux pieds le droit des gens, insulter à la vérité, persécuter la vertu, menacer sans cesse et briser à l'occasion les plumes redoutables de publicistes justement estimés, dont plusieurs, contraints à l'éloignement à l'intérieur ou à l'étranger, sont signalés parmi nous par des vides noin moins regrettables que désolants.

Le seul qui abrite dans ses sombres profondeurs, par une coupable impunité des infâmes, les guet-apens épouvantables éloquemment qualifiés : crimes de haute trahison.

Le seul enfin qui motive ma présence dans ce sympathique milieu de travailleurs, et fait l'objet de mes constantes préoccupations, en vue d'anéantir la sécurité de ce vulgaire lendemain, suite non interrompue de l'état actuel, particulièrement cher aux vils exploiteurs d'occasions sous tous les régimes ; pour mettre en lieu et place la garantie d'un radieux avenir aux vastes horizons, dans ce lendemain révolutionnaire réparateur qui arrive lentement avec calme, comme une barrière destinée à refouler et fermer à tout jamais le passé jusque dans le présent.

Assurée de ton concours par ta ferme volonté d'arriver, je n'hésite pas de mon côté à répondre de la victoire et de ses résultats immédiats.

Pour la victoire, disons-le tout de suite : elle consiste, dans son principal objectif, à opérer les 353 sans s'inquiéter du nombre plus ou moins considérable d'existences à sacrifier, en taillant résolûment dans le vif. Il importe donc de s'y préparer, et sans retard, attendu que nos adversaires occupent déjà les avenues du terrain étudié à l'avance et convenablement choisi par et pour eux, où ils se fortifient à la hâte de toutes pièces, et d'où nous n'aurons qu'à les déloger, s'ils veulent bien nous épargner la besogne, nullement agréable, de les y ensevelir. A nous, l'offensive hardie, irrésistible, avec le droit pour bannière ; à eux, l'effarement et les stratagèmes, pour aboutir à la honte d'une capitulation sans conditions ni merci.

J'ai dit : que nous sommes le nombre qui fait la loi, toujours respectable, des majorités. Ce nombre, exprimant la somme intégrale de nos forces, par la volonté multiple dérivant de celles effectivement utiles d'un chacun ; les organiser en autant de groupes qu'il y aura de culbutes ou éliminations arrêtées d'avance, donnant vigoureusement, et avec ensemble, dans l'action générale ; c'est appliquer, comme il convient, toute la loi qui nous donnera, avec la victoire, le pouvoir d'agir, de réformer, extirper le vice, envoyer à l'égoût la grande conserve à corruption, balayer proprement un peu partout, édifier, et de nous conduire par la voie du bien public à l'état social légitime, qui n'est rien moins que le règne, impatiemment attendu, du travail souverain. Alors, mais seulement alors, on pourra dire sans crainte : la Révolution, c'est la paix.

Donc, sus ! aux fainéants, viveurs éhontés, habiles de profession, trafiquants de mensonges et d'expédients, parasites acharnés, dévorants, engloutisseurs de nos biens ;

disparaissez, misérables ! Sybarites repus d'orgie et de scandale, place à la vérité révolutionnaire ! Et, d'abord, distinguons, par leurs couleurs variées, les débris épars d'un passé qui s'écroule, afin de les grouper en tas et d'amener successivement leurs conférenciers ou harangueurs, tous affamés quand même de la chose publique, à la barre du Tribunal infaillible de l'opinion.

Cependant, avise plutôt sur la montagne volcanique, des regards indignés pareils à deux courants de flammes convergeant au point même où s'agite furieusement : « ce vil prêtre hypocrite ! »

C'est Hugo, immortel privilégié, en compagnie du père Voltaire. Un peu plus loin, Molière avec Boileau, la main dans la main, souriant d'un air moqueur aux Esculapes modernes, devenus « législateurs malgré eux » aux dépens de « l'art assassin » de tuer légalement. Et, tout à côté de ces philosophes puissants, presque en face l'un de l'autre, Lafontaine et Racine nous montrent à l'envi les mangeurs d'huîtres, soufflant le chaud et le froid, grâcieux personnages d'un sérieux comique, se passant à tour de rôle le bâton traditionnel destiné à battre la mesure et entretenir l'harmonie dans l'ordre ; vieille trique usée, qui fait d'un robin distingué, un maître-ès-arts entre tous. Je n'en finirais pas, si j'avais à t'entretenir des plaies sociales qui nous rongent et qu'il n'est plus possible de traiter avec égards, attendu que le mal s'approfondit et se propage avec un surcroît d'irritation, au fur et à mesure qu'on les lave ; mais qu'il faut impitoyablement passer au fer rouge pour nous en délivrer, si nous ne voulons végéter longtemps encore et nous ruiner moralement. C'est te dire que le moment est venu d'arracher les voiles, afin de mettre à nu la situation, l'examiner de près, l'analyser, et, par suite, de te fixer sur mon appréciation.

En d'autres termes : à moi la proposition motivée et sans amendement, si possible ; à toi la résolution après ou sans discussion ; toutefois, je t'en prie, avec peu ou point de discours.

Ainsi déterminées, nos fonctions respectives, agissant par leur libre jeu simultanément et avec harmonie dans, le rayon de leur sphère, aboutiront sans effort à l'accomplissement de l'œuvre commune. Et sans plus d'explications que de phrases, j'arrive à la question d'actualité.

Question sérieuse, à n'en pas douter, puisqu'elle touche à notre avenir ; difficile, peut-être, et par cela même réalisable dans son objet ; je vais plus loin en ajoutant, résolue d'avance par une autre question consistant à savoir nous entendre. Or, le but poursuivi n'étant autre que d'arriver, par l'amélioration progressive de l'état social, au point d'équilibre où, pour la satisfaction de tous, les Sociétés doivent se mouvoir dans une parfaite harmonie, je m'engage, dans la seconde, traitant des moyens d'aboutir avec la grande machine intelligente et animée se suffisant à elle même, actuellement en notre pouvoir. Précieux legs des anciens, qui n'employèrent pas moins de trois laborieuses années à sa construction. Machine fort simple d'ailleurs, dont vous saisirez les rares propriétés, par l'idee première qui l'engendra.

Au moment où l'histoire, bâillonnée et soumise au régime du bon plaisir, s'apprêtait à tourner la page du siècle dernier, on vit arriver à Paris une robuste génération de penseurs, nourris à l'école de Rousseau, qui osèrent entreprendre l'exécution de l'œuvre conçue par le philosophe. Il fallait, pour cela, étudier préalablement le terrain, puis démolir, faire un nouveau sol ; enfin, édifier sur place dans un nouveau style.

Ces hommes intelligents, pleins d'abnégation et sincèrement dévoués à la chose publique, dont ils faisaient partie, le tout étant pour lors la chose d'un seul, usurpateur de race et propriétaire par droit de naissance ; se posant en observateurs à un point de vue très-élevé, à l'effet de se rendre un compte exact de la situation ; frappés d'étonnement à l'aspect d'une masse informe remuant et s'agitant désespérément dans la plupart de ses parties, tantôt en avant ou en arrière, tournant à gauche, puis à droite, ou entre les deux, de haut en bas, semblable à un troupeau effrayé par l'ombre de quelque chose ; sérieusement intrigués, et fixant de préférence leur attention sur les agissements combinés de certains groupes disséminés de points noirs, parvinrent à saisir la cause de ce singulier mouvement, qui ne signifiait rien que je sache, si ce n'est le chaos. Ils constatèrent les ravages du monstre noir exploitant la masse, et, pareil à un chancre rongeur, la couvrant en tous sens d'une lèpre mortelle.

C'est alors que, cédant à un louable sentiment d'humanité et n'écoutant que leur courage, ils résolurent de mettre un terme à ces désordres, dont ils souffraient eux-mêmes.

Eh bien ! ce troupeau, car c'en était un, figurait le peuple tourmenté et dévoré par l'homme noir en soutane, armé du mannequin superstition, exploitant l'ignorance de la masse, afin d'y entretenir le fanatisme instrument assassin de la raison. Il n'en fallut pas davantage pour se lancer en besogne, et, prenant un point d'appui sur la masse dont ils dirigèrent les mouvements, ils firent si bien, qu'elle se dégagea quoique péniblement, de ses parasites.

Puis, aidant le troupeau, entièrement libre dès le 22 septembre 1792, à en finir avec le reste, il advint que la canaille, sotte espèce, ayant saisi un bout de l'oreille du berger, tendue au dehors, lui fit son procès en règle, comme étant de ces gens-là qui, sur les animaux, se font un chimérique empire. C'était le coup de grâce porté à la tyrannie en même temps que le cachet de la victoire apposé sur la masse, transformée dès lors en une immense machine livrée à elle-même, consciente et satisfaite. L'ouvrage ayant ainsi tout le fini possible, reflétait exactement l'image du peuple régénéré, se suffisant à lui-même par le simple bon sens guidé par l'expérience, mère de tout savoir.

Les hommes qui entreprirent cette œuvre colossale étaient de grands artistes en mécanique humaine. Leur machine manœuvrait à souhait dès le principe grâce à ses conducteurs, enfants du suffrage universel, qui étaient également fort capables. Malheureusement ils n'avaient pas suffisamment nivelé le terrain où elle se mouvait, en sorte que tout-à-coup, malgré l'énergie et le dévouement des dirigeants, tendant à éviter toute secousse désagréable, manquant à cet endroit d'expérience, qu'ils achetèrent d'ailleurs assez cher pour nous la transmettre, en bons pères qu'ils étaient : on signala un accident, suivi d'un point d'arrêt. Le cas était si grave, que la plupart des conducteurs et mécaniciens s'y abîmèrent pour ne plus s'en relever.

Abandonnée sur place pendant environ un demi siècle, elle fut reprise en 1848. Mais à peine commençait-elle à fonctionner, et toujours à cause du terrain, qu'on négligea absolument de déblayer, aussi bien que par la faute des conducteurs nullement pratiques dans le métier, une nouvelle halte se produisit, dans un abîme, vulgairement appelé guet-apens, où les membres de la direction et du service public essuyèrent de terribles secousses.

Abandonnée de nouveau pendant un quart de siècle, elle nous fut rendue le 4 septembre 1870 ; vous savez dans quel état, à cause de l'acharnement des assassins après la machine elle-même ; de ces misérables qui, non contents de lui créer des obstacles sérieux dans toutes les directions, avaient multiplié dans l'intérieur cette vermine noire tout aussi rebelle et redoutable pour la masse des citoyens, que le phylloxéra pour la vigne. Les dégâts étaient si considérables qu'il ne fallut pas moins de sept ans pour la remettre en état de fonctionner, dès le 14 octobre 1877

Ce jour là j'éprouvai dans tout mon être un immense soulagement, en te voyant auprès de moi, combattre valeureusement pour la défense de mes droits outragés. Jour mémorable qui vit renaître les 363 que tu avais faits, et que j'avais recommandés à tes suffrages, mais que je n'ai pas encore reconnus par leurs œuvres.

Ces hommes que la victoire, après une journée de grandes mêlées, nous ramenait dans un dernier rayon de soleil couchant, annonçant un beau lendemain ; aux quels le devoir commandait d'abord de relever le gand insolemment jeté à la nation par un parvenu sans mérite ; ces réélus qu'on tenait déjà, dans une commune cocarde pour des martyrs en herbe, venant se faire hâcher sur leurs bancs de députés plutôt que de souffrir une nouvelle humiliation ; mais qui, il faut bien le dire, manquant absolument d'énergie et de cette assurance que donne une profonde conviction dans les principes, avaient parfaitement digéré tous les déboires et les révoltantes insanités des Mayeux infects de debauche : arrivèrent quelque peu effarés et comme possédés d'une certaine crainte, balbutiant un semblant de mise en accusation, essuyant de nouveaux dédains, se traînant et mendiant le droit à une honteuse existence qu'on leur aurait probablement refusée, qu'on aurait encore une fois traités en valetaille et expulsés comme indignes, si une voix terrible ne s'était fait entendre aux échos Elyséens répétant au maréchal stupéfié, l'écrasante apostrophe du vénérable vieillard, déjà nommé par ce bref :

Le pouvoir personnel, il faut l'abattre !

Il n'est malheureusement que trop évident que, si notre machine a marché depuis, ce n'est certes pas grâce à eux, mais bien à la pressison exercée par l'opinion publique, réclamant sans cesse l'amnistie pleine et entière ; le retour des Chambres à Paris enfin rendu à lui-même ; passant à côté d'autres importantes questions d'intérêt public, vaguement traitées et bâclées par des solutions dérisoires, d'opportunisme aux abois, à l'usage des infirmes. J'ajoute que s'il avait été possible de supprimer l'instrument de garantie s'opposant à tout mouvement de recul, ils l'auraient probablement entrepris, à en juger par leurs coupables intentions à l'égard de la justice bannie et frappant à la porte, où elle attend encore. C'est ainsi que les criminels conspirateurs du 16 mai 1877, après une vaste enquête qui a duré plusieurs mois, et les lâches sabreurs de profession qui préparaient un nouveau massacre plus étendu et tout aussi barbare qu'au 2 décembre, de lugubre souvenir, sont encore à juger, quoique lavés en famille et essuyés par les complaisantes pattes en question, demeurées fort sâles depuis, au nombre de 726 à l'accident près.

Cependant je me demande si ce n'est pas les juger trop sévèrement que de les qualifier tels, attendu qu'ils pourraient bien n'être en définitive que les victimes de quelque puissante séduction. Mais dans l'hypothèse même est-il permis d'ignorer qu'on s'expose témérairement à un retour offensif de semblables atrocités, en laissant le crime impuni ? Que dis-je ! honoré peut-être, par la satisfaction donnée aux conspirateurs de cette dernière catégorie, en abandonnant à leur haine implacable le brave commandant major Labordère, coupable de dévouement à la chose publique.

Savent-ils au moins que méconnaître ou négliger la Justice, c'est assassiner l'Égalité, âme et soutien de mon institution ? Quoiqu'il en soit, c'est à toi qu'il appartient, souverain unique et irresponsable de le leur apprendre dans votre première entrevue, qui aura lieu préalablement à l'occasion des prochaines élections générales, en leur infligeant une verte leçon.

Il est à supposer qu'ils daigneront t'entretenir de leurs travaux et des difficultés qu'ils ont eu à affronter. En vérité ils ont fait quelque chose ; je conviens avec eux qu'ils ont touché à bien des questions grâves, mais pour nous faire un état de choses pire, si possible, de ce que nous avions précédemment. Ils se sont également payé la fantaisie, en guise de passe-temps sans doute, de secouer la vermine noire attachée aux flancs de notre machine sociale, pour aboutir piteusement à une recrudescence du mal. En un mot et pour en finir avec ce groupe tristement célèbre : je déclare, tout en reconnaissant impropre l'épithète d'avachis, qu'on leur applique communément, attendu que pour l'être dans le sens vrai du mot, il faudrait avoir été antérieurement autre chose qu'un radical de l'espèce ruminante, ou tout au moins un équivalent ; qu'à cause de leur incapacité ou tous autres motifs accusant un embarras dans la situation, tu ne saurais à mon avis continuer ta confiance à de tels représentants. N'ayant dès lors qu'à t'occuper sérieusement de leur trouver des successeurs sincèrement dévoués à notre cause. En sera-t-il un seul, si honorable soit-il, qui n'exigera, en raison des fortes leçons de l'expérience, de s'engager formellement et par écrit à remplir les conditions impératives que réclame notre sécurité personnelle aussi bien que notre droit inaliénable de souveraineté? Je refuse absolument de le croire.

Conséquemment et sans tenir aucun compte de la manière de voir de certains déclamateurs bien connus, posant en homme d'État, ou aspirants ministres sans portefeuille, qui te disent et répètent à tout instant, que : « nous arriverons » — par exemple ! puisqu'ils y sont déjà, — « mais à la condition d'être sages » c'est-à-dire de les laisser faire et s'amuser des difficultés qu'ils font naître afin de distraire l'opinion qu'ils abusent ;

Passant au-dessus de banalités semblables, nous montrant dans les nuages le but à atteindre « dans les limites de la loi » qu'ils ont forgée de façon à s'en faire un marche-pied ; et que « la lumière aidant » celle que nous distribue probablement leur étoile, s'ils en ont une, « nous jouirons en paix des bénéfices promis, dans un prochain avenir. » Les leurs sans doute dans notre triste présent, etc...

Sans t'arrêter au grotesque des déclarations mensongères de ces politiques, dont tout le savoir consiste à dérouter le bon sens populaire ;

Attendu d'ailleurs que, te sachant parfaitement édifié sur l'excellence de la grande machine du progrès, dont je saisis l'exacte expression dans le peuple livré à sa propre volonté d'action réglée par le bon sens, appelant à la direction du mouvement, au moyen du suffrage universel, des conducteurs capables de représenter et servir dignement les intérêts de la masse, — tu sauras faire ton devoir ;

Considérant enfin que tout édifice bâti sur le terrain de l'illégalité doit nécessairement disparaître, partant que les œuvres des soi-disant constitutionnels ruraux, usurpateurs des droits du peuple, ne sont en somme qu'un vil sarcasme à renvoyer à leurs auteurs ; il est à souhaiter et j'exprime formellement le vœu :

D'appeler à la prochaine représentation nationale une constituante qui nous délivrera :

1º D'un septenat fort onéreux avec le monstre imbroglio politico-diplomatique ;

2º De l'Église, laissée à ses propres ressources ;

3º Des 9/10 de notre armée permanente ;

4º De l'aristocratie de combat, de terre et de mer ;

5º De l'administration et de la magistrature, telles qu'ell s fonctionnent actuellement ; ainsi que de toutes autres institutions, sentant le fagot, qu'il faut absolument secouer, supprimer ou réformer radicalement

A cet effet, il est indispensable que le peuple, dégagé de toute préoccupation contraire aux vues du simple bon sens, tendant au bien-être de tous, envoie à la nouvelle assemblée des hommes sérieux, intelligents et pratiques dans leurs spécialités respectives, tels que : ingénieurs de talent, de bons comptables, industriels de toutes les branches de l'art utile avant tout ; agriculteurs de savoir ; officiers distingués, tels que le citoyen Labordère et autres ; jusqu'à des sous-officiers de mérite, quoique intransigeants d'opinion ; des marins instruits, grands navigateurs, tels que : capitaines au long-cours, lieutenants de vaisseau, et même des sous-chefs timonniers ou quartiers-maîtres expérimentés ; capitalistes armateurs ; financiers organisateurs de grands courants commerciaux avec l'étranger, avantageusement connus et disposés à favoriser les créations de sociétés ouvrières ; le tout, éclairé de quelques lumières philosophiques et des sommités de la science, formant un ensemble essentiellement démocratique.

Dans ces conditions, l'Assemblée nationale, installée dans le domaine du bon sens et de la loyauté, il va de soi que la politique, je veux dire le mensonge et la chicane en sont exclus de droit.

Je vois déjà les résultats avantageux qui découlent de la nouvelle situation, débarrassée du vieux Sénat, dont le sort, comme d'origine illégale, est entre les mains de la Constituante ; situation rayonnante d'avenir par l'économie sociale de plusieurs centaines de millions, destinés à l'organisation immédiate du travail, accessible de droit à tous les citoyens. A part :

Création d'une immense milice nationale démocratique, instruite au maniement des armes par le noyau populaire resté de l'armée permanente, réduite à sa plus simple expression.

Marine démocratique de volontaires si possible, récompensée et confortablement traitée en raison des rigueurs du métier ; munie d'un matériel de guerre organisé sur le modèle de la grande marine des États-Unis d'Amérique.

Nominations à la magistrature et administrations publiques par voie du suffrage universel.

Relations étrangères par l'installation d'honnêtes représentants à l'étranger, livrés à leurs propres ressources, quoique accrédités convenablement, et indemnisés suivant les services rendus.

Colonisation générale encouragée et soutenue de l'Algérie et autres possessions d'Outre-Mer, en facilitant dans la mesure du possible les citoyens désireux de s'y livrer à la culture du sol, et ainsi de suite, pour tout ce qui est d'intérêt national.

Ainsi organisé et administré, le peuple français, dans toute la plénitude de sa puissance, n'a rien à redouter de ses voisins, en même temps qu'il s'assure contre la misère avec ses propres ressources. Outre cela, le licenciement de l'armée, qui nous coûte chaque année des centaines de millions, et dont le fusil et le sabre, base de l'armement national, passeraient aux mains d'une milice citoyenne qui ne coûterait rien, serait d'un salutaire exemple aux peuples d'Europe écrasés par les budgets de la guerre.

Mais en même temps que je vois dans l'avenir, j'entends qu'on murmure quelque part : Eh quoi ! elle est donc bien confiante en elle-même, cette République française ! — Exclamation drôlatique, de quelque myope, peut-être, nous voyant, avec ses lunettes, désarmer nos guerriers. — Ne faites pas attention. — Comment ! hier on se fâchait presque sous l'éternel prétexte que nous étions une menace constante en Europe, par l'entretien d'une armée fort nombreuse en temps de paix ; et maintenant qu'on désarme, on nous taquinerait encore ! Vraiment, tu n'es pas commode à contenter ! Qui que tu sois, prussien du dehors ou du dedans. Est-ce sérieusement ?... Silence !

Encore une exclamation à notre adresse :

Mais voyez plutôt, tas d'imprudents que vous êtes ! Voyez l'Allemagne, l'Italie, l'Autriche, l'Espagne, etc. — Toutes nations armées jusqu'aux dents, prêtes à s'abattre sur vous et vous écraser en un jour !

N'ayez crainte, ce quidam donne des conseils, pas gratuitement peut-être. Si vous daignez lui répondre, dites-lui que vous n'avez pas de pain, afin de vous fixer sur la valeur de ses charitables observations. Ou bien, en admettant qu'il soit sincère et que tu veuilles bien donner satisfaction à son impertinente curiosité, tendant à savoir ce que nous allons devenir, du moment que nous n'aurons plus l'armée de la loi, qui était la chose de feu Thiers ; retourne-lui hardiment la phrase : nous aurons la loi de l'armée, appuyée sur la foi populaire, dégagée de serments et de paroles d'honneur dont on n'a que faire, quand on tient la chose. Et je poursuis en ton nom :

Au surplus, ô généreux ami ! ouvre l'histoire du monde, ou plutôt va trouver Guillaume de Prusse, ci-devant empereur d'Allemagne, qui ne passe certes pas pour couvrir de son respect les vauriens de profession, tout en se respectant lui-même, ce qui prouve qu'il n'est nullement emprunté, pas plus qu'un sot, puisqu'il profite des leçons de l'histoire, où il a appris, ce qu'on n'oublie pas aisément : à traiter les gens suivant leur valeur. Lisez l'histoire de notre glorieuse aînée, où vous verrez ce que peut un peuple qui sait vivre, et ne veut pas mourir.

Une interrogation, encore à notre adresse, écoute : Parfaitement ! Mais où sont les anciens, vos Carnot, Barras,

Saint-Just, Danton, Hoche, Desaix, Massena, etc., tous enfants chéris de la victoire ?

Réplique de suite : Ils sont dans les nouveaux, avec Faidherbe, Labordère et ses lieutenants capitaines, caporaux, ingénieurs, marins, ouvriers distingués, etc., aujourd'hui en habit noir, demain en chemise rouge s'il le fallait, tous députés, enfants de la démocratie, qui feraient à l'occasion des généraux, autant de chefs aimés de nos milices citoyennes. Mais brûlons là-dessus si tu veux bien. On perd son temps à babiller de choses qu'on ne saurait vouloir, et mon travail est encore à faire. Un mot seulement pour notre mutuelle satisfaction : la guerre pour les brutes, le travail pour les braves.

Un sanglot ! larmes de crocodille peut-être, attention :

J'entends, comme dans un râle, annonçant le commencement de la fin, ces mots, entrecoupés de soupirs :

Pends-toi, Bismark ! Et toi, de Moltke, va dormir à l'ombre de tes lauriers ! Adieu plaisirs, jeux des princes, agréables distractions ! Je l'aimais donc sans le savoir ! cette armée au brillant état-major ? Adieu fanfare ! On pouvait au moins se comparer à quelque chose ! Le doute n'est plus permis. Adieu donc ! mes forts aimables. Je déplore votre sort ! Et par le regret que j'en éprouve, mesurez si possible, toute la profondeur de mon singulier attachement. Je m'y perds ! Les forces m'abandonnent. J'ai également besoin de repos Adieu Charles, Pavie, Sedan ! deux frères d'armes. Comme toi, j'ai tenu prisonnier le souverain du pays ! Mais ce peuple qui, semblable aux phénix, renaît, on ne sait comment de ses ruines, me désespère et m'accable. Tout est perdu cette fois même l'honneur qui se noie dans le flot envahisseur. Adieu ! je me sauve. — Plus rien, la voix s'éloignant avec la brume, fuyant sous le vent du soir.

Et maintenant à nous deux, abandonnant le génie, pour mettre un terme à cette causerie et convenir définitivement.

À moi la lumière pour t'éclairer ; à toi de t'en servir pour te conduire. À moi la formule de l'avenir par les données positives en notre pouvoir, à toi le développement et la so-

lution. Tu es le total des forces disséminées, je dois en être
le lien pour les unir dans une solide organisation, afin de
les utiliser à la satisfaction de tous. Sur ce simple exposé,
je base la proposition suivante :

1° Écarter de notre centre d'action tout ce qui est atte-
nant à la politique ; je veux dire tout ce qui est mensonge,
dissimulation, habiletés, etc..., tout ce qui est connu pour
avoir adhéré ou approuvé les actes de feu Thiers et les
scandales des continuateurs de sa politique, banqueteurs,
accapareurs de présidences, etc... ; refuser par conséquent
toute créance aux agents électoreaux ayant favorisé des
candidatures recommandées officieusement par le pouvoir,
ou tout autre protectorat d'origine douteuse.

2° Création immédiate dans chaque ville, d'un Comité
central de Dévoués à la cause du bien public, en relation
constante avec les populations des communes et campagnes,
en vue de préparer l'évènement ; procédant avec ordre au
groupement des forces isolées, trop souvent exposées à être
distraites du but commun par certaines influences locales,
des faiseurs d'embarras, ou braillards à gages ; portant
d'ailleurs à la connaissance de ces honorables villageois,
qu'ils trouveront dans les comités des villes, sur la présentation d'une carte marquée au sceau du secrétariat de leur
commune, assistance et protection auprès des lettrés et
hommes d'affaires, en état de les aider gratuitement à toutes
les époques, dans les difficultés ou abus dont ils pourraient
être victimes.

3° Fonder avec l'aide de la presse démocratique de Paris
et de la province un registre souche où seront inscrits les
citoyens méritants pour avoir coopéré activement aux nou-
velles relations à établir entre nos frères des campagnes, et
les citoyens éclairés de nos grandes et petites villes, et par
suite d'avoir contribué, pour une large part au succès élec-
toral. Espérant à ce sujet que l'instituteur des campagnes,
dont on aura à améliorer la situation, en raison des services
qu'il rend à la société, fera son devoir, comme naturelle-

ment appelé à éclairer les travailleurs ou pères de famille sur le bon usage de leurs droits.

4° Adopter pour mot d'ordre dans nos pratiques électoralos, le mot célèbre de Danton : de l'audace! encore de l'audace ! et toujours de l'audace ! ! dans toute l'étendue de nos droits.

C'est en s'entendant de cette façon que nous assurerons la victoire définitive,

Donc plus d'exploiteurs dans l'immense majorité de notre représentation nationale désormais purgée d'avocats, prêtres, propriétaires ou capitalistes usuriers de la masse, ventrus et autres espèces dans le genre ; mais seulement des travailleurs honnêtes et sincèrement démocrates, représentant au pouvoir le travail dans la démocratie, régnant par

La Liberté,

Marie-Anna RÉPUBLIQUE.

P.-S. — Cependant, je ne saurais négliger de t'édifier, par un rapide coup d'œil sur l'histoire de ces derniers temps, sur l'origine de cruelles déceptions, et te montrer sous son vrai jour notre revers de médaille, dans le monstrueux cauchemar qui nous étreint, et qu'à toi seul il appartient de dissiper.

C'était au lendemain d'un grand et douloureux évènement ; la France était vaincue, mais nous étions libres ! En écrasant l'empire, l'ennemi avait, du même coup brisé nos fers. Un hourra ! unanime ébranla profondément les couches de l'air, jusqu'aux régions élevées ou plâne, superbe, le féroce cher aux Césars, avides comme lui de rapine et de brigandage. On était tout à la joie, malgré l'immense défaite. Heureux désastre ! on ne s'appartenait plus, j'étais tout le monde.

Le passé n'était pas plutôt mort qu'oublié au 14 septembre ; et cependant que pouvait promettre le présent, à l'aspect des souillures et des restes nauséabondes de l'orgie d'hier ! au milieu des ruines fumantes de la patrie mutilée et envahie ! Quelle chance ou chose probable. autre que l'impuissance de se refaire et de se retrouver, en l'absence totale de nos vieilles ressources englouties dans une dette énorme ? Eh bien ! non ! par Brutus héroïque ! ça ne peut être, et ne sera pas ! et à l'éternelle gloire de ce peuple intrépide : il bâtit incontinent sur la confiance que j'apportais, et s'élançait déjà vers l'avenir où il naviguait hardiment à pleines voiles, mais hélas ! sans boussole, et ce qui est pire, avec cette atroce politique pour guide, poussant traitreusement à l'écueil et nous y abîmant. Elle vint effrontément comme autrefois, l'infâme ! établir sa cour à mes côtés, empressée, joyeusement hypocrite, souriant à mon dédain.

Que faire ? Elle venait de ta part, s'adjoindre et féliciter la bienvenue ! — J'y répondis, dans mon calme, par un léger mouvement qui coupa court aux déclarations perfides et à son éloquence embarrassée, en laissant tomber mon voile.

Un seul mot m'est resté de son fastidieux débit : la situation est grave, et les difficultés à surmonter sont effrayants ; mais rassurez-vous !... vous savez le reste de la mise en scène. « On ne capitulerait jamais. » En vérité, il n'était pas plus question de combattre que de vaincre. On promettait cependant de mourir, plutôt que de se rendre. Et le peuple confiant jusqu'à la naïveté, se payant sérieusement de déclarations astucieusement méditées, engageantes à défaut de sincères, attendait dans un superbe mépris de la mort, l'heure du danger, par une soif ardente de ces luttes titaniques que provoque et entretient l'enthousiasme apercevant la victoire, attrayante, l'éclairant de ses regards, déjà atteinte et heureuse de presser sur son sein ce cher fils adoré.

Faux médecins ! que la maladie nourrit et défraye commodément ; constamment à la recherche de malades, et à défaut, de s'employer à en fabriquer ingénieusement par tous les moyens à leur usage !

Détestable famille! Quelle était donc cette situation d'alors? Si dégagée au simple bon sens et si difficile pour vous, hommes à toupet et à lunettes scientifiques! Laissez-moi vous l'exposer en peu de mots :

Plus d'armée, nul ennemi à combattre, du moment que l'empereur et les siens, grossièrement roulés de culbute en culbute avaient disparu dans l'abîme ouvert à Sedan. Restait le peuple, ce peuple français auquel le vainqueur n'en voulait certes pas à preuve de l'attention toute particulière dont il était l'objet dans une royale déclaration de Guillaume, à la veille de son duel. L'Europe savait aussi que le monarque allemand, le considérant comme désintéressé dans la querelle à vider entre les deux Augustes et leurs armées, avait, dans un récent manifeste à toi adressé, témoigné du sympathique respect dont il était animé à ton égard. Dans ces conditions il est évidemment démontré que la guerre était bel et bien terminée, et que, de son propre mouvement, le peuple aurait sans nul doute profité de l'unique parti qui s'offrait, consistant à déléguer une députation au souverain étranger, avec mission : d'abord, de le féliciter respectueusement, dans une parfaite humeur, de son éclatant succès; lui passer ensuite à titre de gracieux souvenir, un exemplaire du célèbre manifeste, avec ces trois mots ; « Accueilli avec reconnaissance, » écrits de la main du peuple au bas de la feuille paraphée et certifiée conforme :

Bien obligé et à vos ordres,   Jacques.

Paris, 4 septembre 1870.

Et finalement la déclaration ci-après :

Très cher et fort aimable Souverain,

Nous, peuple français, entré ce jour même en possession de sa légitime souveraine Marie-Anna République, votre sœur en humanité et en grâce pour le bonheur et la prospérité sans cesse croissante de leurs bien aimés semblables, satisfaits et réciproquement fiers de votre gloire personnelle, toute faite des désastres dont nous ne déplorons particulièrement les conséquences qu'à cause du deuil parfois cruel, qui accompagne nécessairement le sang versé et le temps perdu.

Merci réitéré et salut à votre royale vertu :

Exigeons, eu égard à vos sentiments élevés, que vos frais de campagne vous soient remboursés intégalement et sans retard :

1º Sur les biens en possession de l'ex-empereur et de sa moitié ;

2º Sur les biens en possession des généraux et particuculiers favorisés du défunt empire ;

3º Sur les biens en possession des députés et sénateurs qui ont aidé par leurs votes à une guerre injuste, dont nous ne voulions à aucun prix ; et pour le cas où le chiffre, — préalablement fixé par un arbitrage, dont notre précieux ami du Nord-Amérique nous facilitera gratuitement les moyens, — ne serait pas atteint par l'addition desdites valeurs à réaliser ; on trouvera encore ailleurs des meubles et immeubles suffisament, et au-delà pour vous dédommager entièrement.

Au besoin, et comme pour vous témoigner, autrement que par des assurances écrites ou parlées, de la reconnaissance que nous inspire votre aimable respect, à part les services rendus, prenez le reste si vous voulez, emportez tout, moins je vous prie, ce dont d'ailleurs vous ne sauriez que faire, un souvenir de famille, une vieille guenille qui me suit partout · l'honneur du bon homme,

JACQUES.

Paris, 4 septembre 1870.

P.-S. — A part, et de vous à moi seulement :

Vous n'êtes pas sans savoir, cher Auguste, que Jacques, sans pain, n'a jamais été riche ; hé ! ce n'est certes pas que les valeurs manquent chez nous, à d'autres, sans nul doute ni merci, vous m'entendez ! Eh bien ! tout entouré qu'il est de bijoux, propriétés et autres objets de prix, il n'a pas actuellement de quoi en acheter une bouchée.. L'argent manque totalement. Cependant il s'en procure tout de même ici ou ailleurs avec le fer et le bronze de ses outils, quand le travail s'obstine à ne pas donner, et que l'étranger veuille s'en mêler. Toutefois, il préfère les employer à toute autre besogne, qui lui assure tant bien que mal une médiocre existence. Paix, justice et travail ! Trinité vraiment sainte ! Son dieu en trois choses. Sauf le respect qu'il doit au vôtre, également pacifique de sa nature. A d'autres qu'à nous, aux barbares ennemis de la civilisation, brutalement guerriers non moins qu'implacables d'humeur haineuse sans motifs avouables ; aux forgeurs de querelles, provocateurs insensés, les guerres de conquête ou de vengeance suivies de traités de paix pour rire. Entre nous, rien de tout cela.

Le pauvre, dans sa fierté, s'honore d'avoir su garder cette attitude raisonnable, conforme à la neutralité désirée et obtenue en gage de votre respectueuse sympathie. Mais que de ferme volonté n'a-t-il pas fallu opposer aux sollicitations, tentatives de séduction, et finalement aux violences, motivées peut-être par des manifestations contraires aux criminelles entreprises de votre ennemi personnel, visiblement irrité de tendances secrètement favorables au succès de vos armes.

Mais n'est-ce point abuser, par tous ces détails insignifiants, de la considération dont vous nous honorez? Ce que nous ne voudrions pour beaucoup !

Il est donc décidé, au titre de nos précédentes déclarations, que vous aurez tout simplement à passer avis à votre lieutenant chargé d'affaires, d'avoir à s'entendre avec notre délégation autorisée, pour le règlement du gros et détail de votre glorieuse campagne, le tout en remises payables à présentation et sur l'heure.

Dans cette confiance, tout en vous continuant son affectueuse appréciation doublée d'une parfaite amitié,

A votre disposition invariablement et sans cesse,

JACQUES.

Paris, 4 septembre 1870.

Au lieu d'une pareille démarche indiquée par le simple bon sens, à part le côté plaisant qui en fait une remarquable originalité, en même temps qu'elle est assurément d'un parfait ridicule dans l'opinion mercenaire des politiciens admirateurs des hommes d'Etat ou soi-disant tels ; par quelles manœuvres clandestines, échouant piteusement sous la botte d'un chancelier, alors qu'il convenait d'aller ouvertement vers son seigneur et maître, procéda le monstre politique ! dans la lugubre besogne qu'il nous créait ? Vous le savez trop bien, hélas ! pour y revenir. Seulement, je me demande si ce bull à fortes mâchoires, éloquente gueule naguère, au service d'une faction quelconque, officieux *trop chu'é* depuis, et pour cause, dans son pouce de territoire blindé d'une fort respectable pierre, unique monument qui nous reste de sa mémoire, n'aurait pas agi moins légèrement, pour n'employer que ce qualificatif bien connu de ceux qui s'en lavent les mains, en laissant la voie naturellement ouverte à une députation du peuple travailleur, conduite par ses créatures préférées : les héros Flourens, Millière, Rochebrune et autres noms illustres, attendus au panthéon de l'humanité ?

O fatal prestige ! de l'orateur parlementaire, dont l'éloquence s'emploie à persuader pour convaincre, ou plutôt à vous éblouir, quand elle ne vous enlève pas pour vous conduire à une surprise quelconque ! J'admire, toutefois, la gracieuse beauté de ses figures, artistement groupées sur l'échafaudage chancelant d'une argumentation variable, suivant l'opportunité du moment, et j'y applaudirais volontiers, si tu n'étais qu'un prétexte de vain orgueil national, ou s'il n'en coûtait que l'hommage mérité à un illustre talent ; mais tu es aussi un funeste agent d'opinions qui s'imposent, et trop souvent une calamité publique ! Donc, je te bannis.

Une pensée hardie, éclatant dans un mot de circonstance, par un vigoureux mouvement où le dramatique le dispute au tragique, renverse l'opinion, dont la physionomie transformée instantanément, exprime le contraire de ce qui était avant. Pour n'en citer qu'un exemple sans sortir de mon sujet : je rappellerai qu'aussitôt après le désastre de Sedan, le bon sens public jugeant la guerre finie, attendait la paix avec confiance, et s'y abandonnait déjà sans autre souci que d'avoir à réparer les dégâts causés par l'empire ; quand, tout à coup, l'homme à prestige, qui avait si vaillamment combattu cette dernière institution vint, à son retour de Ferrières, où il était allé prendre furtivement les matériaux propres à baser son argumentation, sinon anti-patriotique, au moins contre-révolutionnaire, te déclarer en tribun qu'on supposait d'étoffe Dantonnienne, par ce manifeste mouvementé, au geste imposant qui est l'ornement du métier, ce que tu as dû retenir de l'évènement. En sorte qu'avant c'était incontestablement la paix, attendue avec calme, maintenant c'était inévitablement la guerre furieuse, désespérée. Jeu de pure farce comme tu vois, par les rôles adroitement combinés des deux principaux acteurs, visant au même but dans une restauration monarchique de leur choix, d'accord sans doute avec un tiers personnage, négociant préalablement la reconnaissance en litige, auprès des cours étrangères, sous prétexte d'une intervention imaginaire aussi bien qu'imaginée.

Le voilà donc dans son vrai rôle d'habile, cet indispensable libérateur qui, jugeant avec raison l'élément républicain assez puissant pour dominer la situation, n'hésitait pas à sacrifier sa patrie pour sauver son drapeau.

Et ce même peuple, assailli et volé jusque dans son esprit, brillant par son absence, de donner dans le nouveau courant, à la source même d'un pouce carré prise au hasard sur notre territoire, à l'abri d'une pierre quelconque de nos forteresses. Source dès lors nationale, qu'il fallut alimenter du plus pur de ton sang, pendant que la livrée de Guillaume, fouillant dans les riches caves de la Champagne, entretenait à tes dépens une autre source pétillante et vaporeuse, estimée d'usage divin, et comme telle, soigneusement conduite vers la bonne ville de l'empereur et roi.

Il est juste toutefois de reconnaître que le ci-devant patriote Jules, passé maître entr'autres non moins mâtois, fut conséquent par l'abnégation qu'il s'imposa en payant de sa personne pour le coupable qui avait dit et répété : « Je ne capitulerai jamais. » Et ce fut vrai, à la grande satisfaction des autruches qui l'entouraient. Seul il avait provoqué à l'attaque ; seul encore il acheva la Défense. Considérez donc, ou admirez plutôt le dévouement de ce Judas moderne, vendant les siens pour livrer les nôtre, et par le fait se sacrifiant en facilitant à l'ennemi....

Je passe, abandonnant le sujet, quoiqu'on s'en amuse encore, à la situation que nous aurait faite le simple bon sens par les voies indiquées, aboutissant naturellement à un arrangement à l'amiable avec l'ennemi ; comparée aux résultats édifiants de la docte politique, avec ses procédés aux conséquences prévues et approximativement calculées d'avance ; d'où je conclus qu'il est urgent de délivrer le pays de cette aventurière prostituée, forgée de basse hypocrisie et de ruses visant aux plus criminelles exploitations, dignes tout au plus d'un peuple sans énergie, ou que l'expérience n'aurait pas suffisamment instruit, attendant sans doute que de nouveaux revers, plus accablants encore, viennent l'abattre et l'arracher à ce qu'il a de plus cher. Il est grand temps de couper les vivres à cette courtisanne en lui faisant les avances..., mais non ! sans nulle mesure de précautions ni égards, conduisant à des longueurs interminables ; il n'est que temps dis-je ! de lui signifier carrément d'avoir à s'éloigner du pouvoir, où elle trône en souveraine et qu'elle dégrade au point de la rendre méprisable ; la dépouiller de ses ornements officiels usurpés ; la rendre dans son horrible nudité à son état primitif de vil mensonge, pour la livrer aux foules indignées, la clouant au poteau de l'ignoble, en compagnie des satrapes qu'elle a protégés et enrichis du fruit de tes labeurs.

Je la vois encore, à ce cruel moment où l'ennemi, à peine dégagés de ses mortelles étreintes, nous tenait humiliés au bord de l'abîme sous son vigilant regard, arriver le gai sourire aux lèvres dans tout le séduisant apparat de ses charmes corrupteurs, nous amenant triomphalement son vieux drôle, aperçu la semaine d'avant entre ses jupons, à Vienne et Pétersbourg, croisant la patte et grimaçant avec d'anciennes connaissances de famille, rares petits bijoux comme lui à cordons et colliers précieux, fort remarqués à leur passage entre les hautes et les basses cours.

Pauvre chéri ! pleure pas, mon vieux ! Chaudement caressé tout de même, et préféré, non sans éveiller les colères d'un robuste mâtin aboyant de loin, montrant ses crocs et fort disposé au combat.

Pas de ça, mon gros ! Grand filou ! Ingrat ! Arrive ici, vivement ! Et sur un signe de la gentille dame, il abandonna le pays du bon vin pour venir à ses pieds embrasser son rival. Allons, c'est fort bien ! Encore une fois amusons-nous.

Cependant le petit vieux, plus pratique sans doute quoique moins attaché peut-être à sa maîtresse, avait seul ses entrées libres en cabinet particulier. C'était, on peut le dire l'enfant gâté de la maison, dressant l'oreille à l'appel de Thiers le madré.

Un gros point noir, suivi d'un peloton de brillants satellites fut presqu'aussitôt signalé à l'horizon. Une rumeur sourde semblait annoncer que la situation était grosse d'évènements prêts à éclore, au point que les sous-ventrières rurales s'en soulevèrent d'effroi. Il paraît qu'on avait aperçu quelque part, se promener paisiblement les mains dans ses poches, le Géant International, travailleur infatigable, ne respectant au besoin, ni fêtes, ni dimanches. On l'avait même vu passer à côté des bureaux de « la Patrie en danger » où quelqu'un l'aurait vaguement entendu prononcer un nom quelque peu redouté, demandant après un ami On était inquiet et le petit vieux avec. Ce chien affreusement canaille, au flair solide cependant, fouillant aussitôt dans le vent, pareil à un limier qui cherche la présence de quelque chose, qu'il doit particulièrement connaître et dont il tient la trace, ne tarda pas à découvrir, même avant de l'apercevoir, d'abord l'ombre de celui qui se promenait encore, et bientôt après la demeure de l'ami, quoique assez éloignée de lacapitale.

Soudainement saisi de frayeur, et portant l'alarme dans les quartiers les plus reculés, jusque fort au-delà de la banlieue de Paris, il fit tant qu'il souleva contre eux, pas moins inoffensifs qu'innocents l'un que l'autre, tous les carnassiers de la contrée, à seule fin de les cerner, ce qui eut lieu. On aurait bien voulu se débarrasser du grand voyageur, autrement qu'en le poussant hors du territoire et hors la loi, le clouer aux fers, par exemple, afin de rassurer les peureux contre l'éventualité d'un retour possible ; mais où trouver des prisons assez solides pour y loger le sujet ? Laissé libre à la frontière Belge, on se paya de rigueurs sur le malheureux ami, qu'on alla trouver à la campagne dans les environs de Pau, où il espérait refaire sa santé ébranlée par le siège. Il fut arrêté et jeté dans un cul de basse fosse, le 17 mars 1871.

Cet acte de brutale animosité à l'égard d'un honorable citoyen, semble indiquer que le célèbre démocrate Blanqui était apprécié par ses adversaires politiques en homme de valeur, représentant une force considérable, et partant un obstacle sérieux à la réalisation de leurs projets réactionnaires. A preuve que, à la nouvelle de son incarcération, commencèrent nuitamment les manœuvres acheminées à précipiter l'évènement du 18 mars 1871. Blanqui en prison, la Commune, laborieusement conçue, pouvait naître sans danger pour ses bourreaux.

Son avènement souleva de joyeux enthousiasme la capitale, rendue à elle-même, à la grande satisfaction de la province et des peuples opprimés qui en attendaient de prochains secours, car elle était généreuse et déjà fort riche d'avenir dans l'excellence de ses principes, allant directement, par une mutuelle solidarité des populations, s'éten-

dant de l'infiniment petit à l'infiniment grand, à l'org misa-
tion d'une vaste fédération humaine, vrai type de perfection
et d'équilibre social.

Les hommes qui la reçurent dans leurs bras furent des
insensés, en négligeant de déblayer promptement le terrain
de tous obstacles pouvant gêner ses mouvements, pour en
appeler aux formes légales d'existence que le peuple avait
saluée et proclamée, dans la personne de ses chefs, accrédités par d'importants services. On fut d'avis qu'il fallait
absolument de l'eau bénite, qu'on n'avait pas, pour en
asperger l'enfant déjà reconnu à l'état civil. Il fallut conséquemment en fabriquer. Huit jours se passèrent en prépa-
ratifs. Pendant ce temps, le diable qui guettait non loin de
là, préparait son baptême à part.

L'eau bénite rendit l'enfant malade, et elle en serait
peut-être morte de langueur, sans un second baptême de
sang, administré par la plus cruelle réaction des temps modernes qui, changeant sa manière d'être sans toucher à sa
nature, la rendit immortelle

J'ajouterai seulement que les responsabilités des repré-
sailles et l'incendie de Paris dont on accable injustement les
hommes de la Commune, se confondent avec l'œuvre, cou-
ronnée d'un plein succès, de ce politique habile, lisez :
désastre public, que le digne Conseil municipal de Marseille
vient de repousser en effigie, répudiant jusqu'à son souvenir. On savait le madré méchamment rageur, mais on igno-
rait, faute d'occasions sans doute, sa voracité sanguinaire.
Il nous le fit bien voir. Il trônait enfin en héros parmi les
stupides bouchers, ses complices, croyant avoir tué la peste
en écharpant le pauvre âne. Les temps passèrent sombres
et silencieux, avec le droit de la force à cheval sur la loi
passée au sobre assassin, suspendu sur la masse des
citoyens inoffensifs.

Un jour, ce président de contrebande avait déclaré en
passant à côté de l'institution, que la République étant le
gouvernement qui nous divisait le moins, il l'acceptait à la
condition toutefois, d'en exclure les républicains. Une Répu-

blique sans républicains ! est-ce logique ? à moins qu'il n'eut le dessin de la mettre à l'index du ridicule ! on allait avec ça de l'avant, j'ignore de quel côté, constituant, légiférant avec une assemblée usurpatrice des droits pu peuple, attendu que son mandat expirait avec la paix conclue entre la France et l'Allemagne. Quand enfin la nation lasse de ce provisoire énervant, s'avisa de pétitionner, demandant la dissolution.

On sait l'usage qu'en firent les rustiques versaillais, ou du moins la plupart d'entr'eux, habitués à fouiller dans leurs poches avant de se hasarder au dehors, depuis les fameux tremblements de terre entre Paris et la cité de Louis XIV.

Le madré Thiers avait là une belle occasion de faire oublier une partie de son ténébreux passé en déclarant, à la tribune du parlement, que la nation, dans son immense majorité, réclamant la dissolution de la Chambre, il ne lui restait plus qu'à y déférer tout en invitant l'assemblée à en faire autant. Il est vrai qu'il aurait dû risquer le pouvoir, ce qui exigeait naturellement un tout petit peu de patriotisme. Où en trouver ? si ce n'est dans cette même assemblée acharnée aux affaires publiques, ou chez le libérateur du territoire ! Il passa outre. Et cependant que de misères n'aurait-il pas épargnées au pays dans les longues années qui s'écoulèrent depuis.

Vers ce temps-là, nos bons et braves voisins les espagnols, nous sachant malades, vinrent nous renouveler leurs sentiments de parfaite amitié avec le tendre sourire de leur jeune République, proclamée en février 1873 à l'unanimité des membres du Congrès National. La sympathique expression de noblesse qui éclatait dans son brillant regard effaroucha le madré, qui se sauva à son aproche refusant de reconnaître dans sa candeur, la belle enfant ; nous déshonorant ainsi aux yeux de l'Europe et de l'Amérique qui la première accourut, dans la personne de son ambassadeur a Madrid, saluer respectueusement cette aimable bienvenue au banquet de la civilisation et de la fraternité. On fit plus en aidant ses mortels ennemis partis en guerre, à l'étouffer dès le berceau.

Enfin pour sortir, avant de m'y perdre de cet inextricable réseau d'intrigues et de monstruosités je rappellerai seulement que, pareil à un clou chassant l'autre, nous arriva bientôt après, ce crâne aux fières allures qui, à lui seul répondait de l'ordre. A ce moment le moral son maître, prenait officieusement place au pouvoir à côté de lui, par un trait d'union monarchique au premier chef.

Je t'en ai dit assez pour te fixer sur le bien fondé de mes plaintes et aborder l'avenir qui te sourit, en appelant aux affaires publiques des démocrates reconnus vrais, intelligents et capables ; laissant à la chicane les avocats, les médecins à leurs malades, les prêtres aux incurables, les ventrus aux hors-d'œuvre tous consommateurs de la plus dangereuse espèce L'Europe saura demain si je suis vraiment digne du beau nom dans tu me décors, ou si le règne des charlatans avec une aristocratie non moins arrogante que désastreuse, doit continuer à peser sur nos destinées. Le cléricalisme qu'on avait signalé à notre attention, n'est donc pas le seul ennemi. Tu dois le savoir, de même que tu n'ignores pas que dans le pays des aveugles les borgnes sont rois ; ils sont même plus que rois et pires qu'empereurs dans les républiques corrompues et idolâtres ; ils sont, à la grande joie des abrutis et des serviles, des bruyantes nullités qui le proclament : dictateurs. Raillerie du sort ! Sinistre rejeton se retrouvant parmi les ruines dont il relève ; oiseaux funèbres ! Grands ducs, en même temps que bons princes, marquant partout où ils s'affirment, la place où gît un peuple éteint.

Attachons-nous aux principes et non aux hommes ; solliciteurs, hier ! allez-y voir aujourd'hui ; ceux-ci passent, et varient souvent avec les circonstances, selon les milieux où ils végètent ou s'épanouissent ; les principes restent inaltérables dans leur pureté, conséquents, intègres, intransigeants. Soyons avec ceux-là.

A bon ententeur,

Salut Egalité.

M.-A. RÉPUBLIQUE.

Paris — Imp. J. Migul & C°, pass. du Caire, 20